丝绸之路历险记

①

从文明中心出发

曾桂香　文　　纸上魔方　图

中原出版传媒集团
中原传媒股份公司

海燕出版社

图书在版编目(CIP)数据

丝绸之路历险记.1/曾桂香文；纸上魔方图. —郑州：海燕出版社，2018.9
ISBN 978-7-5350-7482-9

Ⅰ.①丝…　Ⅱ.①曾…　②纸…　Ⅲ.①丝绸之路-少儿读物　Ⅳ.①K928.6-49

中国版本图书馆CIP数据核字(2018)第013771号

选题策划：张满弓　　　责任校对：高　天
责任编辑：李玉凤　　　责任印制：邢宏洲
美术编辑：李岚岚　　　责任发行：贾伍民

出版发行：**海燕出版社**
　　　　　(郑州市北林路16号　邮政编码450008)
发行热线：0371-65734522
经　　销：全国新华书店
印　　刷：深圳市富达泰包装印刷有限公司
开　　本：16开(700毫米×1000毫米)
印　　张：9
字　　数：180千
版　　次：2018年9月第1版
印　　次：2018年9月第1次印刷
定　　价：29.80元

本书如有印装质量问题，由承印厂负责调换。
(本书少量文字有演绎成分。)

戈丁

一个10岁的男孩，有主见和梦想，充满好奇心，爱冒险，一心想成为大旅行家。

甘博士

地理学家、学者，聪明睿智，风趣幽默，善于激发别人的灵感。

甘兰兰

　　一个10岁的女孩，甘博士的侄女，爱读书，知识丰富，善解人意。

飞天猫

　　甘博士的神奇发明，能在空中悬浮、飞行，是一个能和人进行智能对话的全息影像投影仪。

专家荐言

　　丝绸之路是一条以丝绸为主要货物进行买卖的商路，它包括陆地丝绸之路和海上丝绸之路。本套书中提到的，是一条古老的、跨越时空的陆地丝绸之路。

　　近年来，随着国内外"丝绸之路热"的兴起以及我国"一带一路"经济大战略的实施，介绍丝绸之路名胜古迹、风土人情等的书刊很多。不过，像本套书这样以游历、探险的形式，图文并茂地表现丝绸之路人文历史地理风貌的几乎没有。本套书中几个主人公的游历、探险以古长安之地为起点，向东延伸至中原地带，向西沿古丝绸之路直达土耳其入海处止，详述了古丝绸之路沿线的风土人情、人文历史、地理知识等内容，从侧面表现出东西方世界互相探求的过程。跟随本套书中的主人公重走古丝绸之路，我们会发现，从中国壮丽的西北边陲，一直到尘沙漫天的中亚，分布着很多融多种风貌为一体的城镇及其他遗迹，其中包括美学殿堂敦煌莫高窟、荟萃奇珍异宝的交通枢纽撒马尔罕。它们宛若一颗颗璀璨的明珠，散落在世界文明史的雄伟画卷中。而将颗颗明珠穿成一条瑰丽珠链的，便是闻名遐迩的丝绸之路。在这条路上，曾进行过繁盛的经济活动，而这必然导致不同文化的交流、融合、再造，世界文明之花也因此竞相争妍，结出累累硕果。

　　在全球一体化的今天，网络早已替代了骡马，信息传递也超越了时空，循着古人踏出的坚实道路，今天的我们依然要继续书写历史的华章。

北京大学数学科学学院教授
百家讲坛讲师

张顺燕

目录

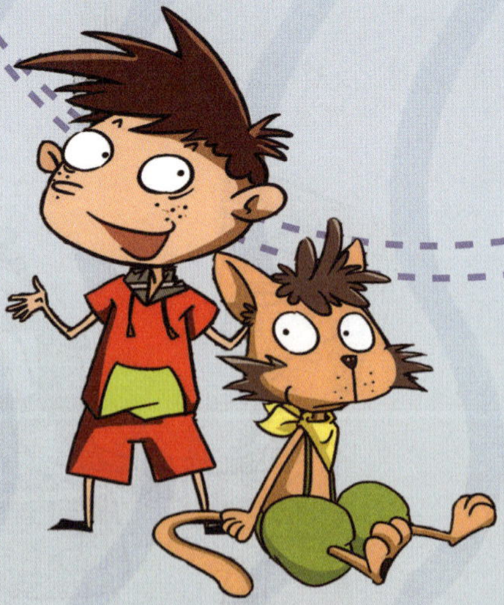

戈丁是个有梦想的男孩，他的梦想是成为一个大旅行家。

他也是个充满好奇心的男孩，对什么都想追根问底。

这天，他看到一幅画，画中的女神穿着轻薄透明的衣服。

那幅画下面的文字大意是：古罗马人狂热地喜爱丝绸服装，他们从遥远的东方——赛里斯国进口丝绸，制成色彩鲜艳、质地轻柔、有的还半透明的衣服穿在身上炫耀。在当时，丝绸是他们最高贵、最新潮的衣料呢。

丝绸不是我国的特产吗？怎么成了赛里斯国的？

丝绸产于我国，戈丁当然知道，所以他觉得很奇怪。

他继续向下看去：

发挥我打破砂锅问到底的精神！

"根据古罗马文献记载：赛里斯国在世界的东方，那里的人们把白绒丝从树上冲刷下来，浸泡在水中，再把白色的树叶一一梳落，就得到了生丝。"

"从树上冲刷下来？怎么可能？"戈丁盯着这段话看了又看，感到不可思议。

在戈丁的印象中，制成丝绸的丝线是蚕吐出来的。"难道还有长在树上的丝？如果丝是从树上长出来的，那么能长出白绒丝的树又是什么树呢？"戈丁想。

还有，赛里斯国究竟是一个什么样的神秘国度？赛里斯人又究竟是一群什么样的人呢？

戈丁怎么也想不明白。他突然灵机一动："有了，去问问甘博士！"心动不如行动，戈丁立刻动身去找甘博士。

古代西方人记述的赛里斯人

古罗马人老普林尼在他公元77年写成的《自然史》（又译为《博物志》）一书中记载了赛里斯人和丝绸。书中说赛里斯人身材高大，红头发，蓝眼睛，看起来很像野蛮人。老普林尼在书中把能结出丝绸的树叫作羊毛树。书中还提到赛里斯人不但出口丝绸，而且出口皮货和精良的铁。

其实远在老普林尼之前，公元前4世纪，希腊一地理学家就提到了赛里斯人。不过他说得更离谱——根据他的记载，赛里斯人简直是巨人族，身高可以达到6米多，年龄超过200岁。

在希腊语和拉丁语中，"赛里斯"的意思是"丝的"，所以赛里斯国就是丝国，赛里斯人当然就是丝国人。

托勒密地图上的赛里斯国

托勒密（约公元90年—168年）是罗马帝国统治时期希腊著名的天文学家和地理学家，他创作的《天文学大成》和《地理学指南》等书影响了欧洲上千年。

在《地理学指南》中，托勒密把赛里斯人描绘成生活在世界最东方的民族。后人根据托勒密在《地理学指南》中的文字复述，绘制了一份世界地图，这就是托勒密地图。在这份地图上，赛里斯国位于世界的最东方。

当然，当时欧洲人还不知道美洲的存在呢。所以，在当时的欧洲人眼中，罗马在世界的西方，而赛里斯国就在世界的东方。

那么赛里斯国到底是哪个国家呢？那里的树上真的出产白绒丝吗？继续看下去，你就知道了。

第二章

我国丝绸远销罗马

甘博士的家到了。戈丁现在已经站在甘博士宽大的书房里。书房中有很多书，还有地球仪、山川模型和动植物标本等，真是琳琅满目。

甘博士笑眯眯地看着戈丁。戈丁开门见山，张口就问："甘博士，纺织丝绸用的丝难道有树上结的吗？赛里斯国又是个什么样的国家？"

"难怪古罗马人说丝绸产自赛里斯国，但他们为什么又说丝是树上长的呢？"戈丁想起自己来的目的，给甘博士讲了他看到的画和文字。

"原因很简单。"甘博士拉戈丁坐下后，给他讲起来，"古罗马人距离我国太远，不了解我国的情况，更不知道养蚕取丝的秘密。他们完全凭想象和猜测，所以搞错了。"

原来是这样啊！那么古罗马在哪儿？距离我国到底有多远呢？

"这个问题很容易回答。"甘博士把一张地图放在桌子上，指着它说，"你看看这张地图就知道了。"

"看到了吧？"甘博士指着地图解释说，"这是公元100年左右的世界主要国家政区示意图。在当时的罗马帝国和汉帝国之间隔着安息和贵霜这两个大帝国，此外还有许多小国呢。"

这样看起来还真不近呢！

　　"没错。"甘博士接着说，"从地形上看，古罗马帝国和汉帝国之间还隔着许多高山、大河、沙漠和海洋，像乌拉尔山、乌拉尔河、塔克拉玛干沙漠，还有地中海、黑海、里海……尤其是帕米尔高原和青藏高原，更是难以逾越……"

这么说，古罗马和我国之间不仅远隔万里，而且沿途充满了艰难险阻呢。

看起来的确是这样。所以古罗马人搞不懂我国的情况，也就可以理解了嘛！

但是距离这么远，我国的丝绸是怎么运到古罗马的呢？

　　"这个问题可不是一两句话就能回答的。"甘博士眨着眼说，"不过有需求就有市场。你不是看到那幅画像中的女神穿着丝绸衣裳了吗？据说古罗马著名的恺撒大帝还穿着丝绸衣服给我国丝绸做广告呢！"

"真的吗？"戈丁来了兴趣。

"这当然只是传说。"甘博士告诉戈丁，"有人说恺撒当时是在参加庆典，也有人说他是在看戏剧。不过可以肯定，那时候的罗马人已经非常迷恋我国丝绸了。在古罗马，无论是贵族还是平民都以穿戴丝绸织物为荣，因此罗马帝国每年要进口大量的丝绸呢。"

那他们一定要花很多钱吧？

"买东西当然要花钱了。"甘博士说，"古罗马有一位博物学家叫普林尼，据他估计，当时罗马帝国每年要花费一亿悉斯特提由斯（sestertius，古罗马帝国的一种硬币）来购买东方的丝绸和其他特产。"

×1亿

今年用于购买中国丝绸的花费又增加了，人们越来越喜欢中国丝绸了。

还没等甘博士回答，戈丁就听身后有人说："那可不容易。路途遥远不用说了，路上还有安息和贵霜两个大帝国和众多小国呢。它们会重重封锁，不让你过去哟！"

戈丁一回头，看到一个女孩站在房间门口。

"是呀。"戈丁点了点头，又急着问，"那你说丝绸要怎样才能运到古罗马呢？"

甘兰兰不回答，却反问戈丁："丝绸这么好的东西，难道只有古罗马人喜欢吗？"

"你还挺聪明的嘛！"甘兰兰竖起了大拇指，接着她又说，"不过，'条条大路通罗马'，从我国到罗马可不一定只有这一条道路哟！"

"这……"戈丁看了看甘兰兰，又看了看桌上的地图，突然灵机一动说，"没错，还有海上。人们可以漂洋过海，一路到达罗马。"

"很好，两种情况你都分析到了。"甘博士点点头，笑着说，"而且自古以来，的确有这样两条线路担负着东、西方贸易交流的重任呢。"

甘博士又拿出一张地图，在上面指点着，介绍起来：

"你们看，在陆地上，丝绸和其他货物经过一次次转手，从我国远销到古罗马甚至更远的地方。当然，古罗马和其他地方的特产也远销到了我国。

"其实，古罗马人最先沿着海岸线远航到达了我国。而我国也在很早就和东南沿海的国家和地区有了贸易往来，后来还进行过大规模的海上探险活动，最远到达了非洲东海岸呢。

"这两条贸易线路都很有名，而且它们有一个共同的名字呢……"

你想知道吗，戈丁？

当然想了，快说快说嘛！

你先别急嘛！

关于古罗马和罗马帝国

大家都知道，历史上有四大文明古国。古罗马虽不是四大文明古国之一，但它的文明历史比起古埃及、古巴比伦、古印度和古中国也并不逊色。

古罗马文明兴起于公元前9世纪初。最初的古罗马人在意大利半岛（又称亚平宁半岛）建起罗马城，成立了城邦国家，随着后来不断扩张，古罗马成为欧洲古代强国。古罗马文明先后经历了王政时代、共和时代和帝国时代。大约当古中国进入汉王朝时，古罗马也渐渐从共和制走向元首制，进入帝国时代，史称罗马帝国。

罗马帝国后来又分裂成东罗马帝国和西罗马帝国。西罗马帝国很快衰落，并在5世纪末灭亡。东罗马帝国又存在近1000年，才最终被奥斯曼土耳其帝国吞并。

公元100年左右欧亚大陆的四大帝国

关于公元100年左右欧亚大陆的四大帝国，其中的罗马帝国前面我们已经介绍了一些，下面来说说其他三个帝国：安息帝国、贵霜帝国和汉帝国。

安息帝国即波斯帝国，又称帕提亚帝国，是古波斯人建立在伊朗高原的一个大帝国。它最强盛的时候疆域西抵幼发拉底河，东到阿姆河，占据了阿拉伯半岛之外的西亚大部分地区。不过安息帝国存在的时间很短暂，3世纪初就为萨珊王朝（又称新波斯帝国、伊朗王朝）取代。安息帝国是我国古代对它的称呼。

贵霜帝国是中亚强国，它的领土最广时包括锡尔河与帕米尔高原（又称葱岭）以南直到印度恒河流域，东临东汉、西接安息帝国的广大地区。不过贵霜帝国也很短命，前后只存在了200年左右。

汉帝国不用说，这里指的是我国的东汉王朝。

问：我国的丝绸远销古罗马，甚至还热销到更远的地方，是什么地方呢？

答：你注意到前面提起的罗马帝国以西的地方了吗？没错，那就是埃及。和恺撒大帝同一时期，埃及托勒密王朝有一个被称作克娄巴特拉七世的人，她就是著名的埃及艳后。据说她也狂热地喜爱我国丝绸，带动了埃及人穿戴丝绸衣物的风潮。

问：古罗马人最先沿着海岸线远航到达我国是什么时候？

答：那是在公元166年，即东汉桓帝延熹九年，罗马帝国使者从海路经越南到达东汉觐见了汉桓帝，还献上象牙、犀角、玳瑁等礼物。这些礼物可能是他们途经东南亚地区买来的，并不是罗马的特产。这些使者以大秦王（我国古代称古罗马为大秦，所以有"大秦王"这一称呼）安敦（可能是罗马皇帝安敦宁·毕尤）的名义觐见东汉皇帝。然而安敦宁·毕尤已经在公元161年死了。这说明这些使者至少走了五年。

第三章

古今海陆说丝绸

"什么共同的名字？" 听到这里，戈丁再也忍不住，大声问道。

"你猜猜看！" 甘兰兰忽闪着大眼睛说。

快点告诉我嘛，别卖关子了！

我来引导你一下吧！

想一想，这两条线路上最受欢迎的商品是什么呢？

是丝绸！这两条线路就叫丝绸路！

"没错，就是丝绸路，不过我们一般叫它们'丝绸之路'。"甘博士说，"实际上'丝绸之路'这个词是近代才出现的。兰兰，你还记得是谁提出了'丝绸之路'这个概念吗？"

"是德国旅行家和地质学家费迪南德·冯·李希霍芬。1877年，他写了名著《中国》，在其中提出了'丝绸之路'这个概念。"甘兰兰说。

"哈哈，你说得很准确。"甘博士点点头说。
"没错，甘兰兰太棒了，知道这么多。"戈丁在一旁边鼓掌边说。

这时甘博士又说："其实我们现在所说的丝绸之路是在李希霍芬所说的基础上提出的，是指一条从我国的西北部出发，途经中亚和西亚，最终到达欧洲和非洲东部以及北部地区的贸易通道。这就是传统的陆上丝绸之路，也叫北方丝绸之路。"

"这么说还有其他的陆上丝绸之路了？"戈丁问。

"是啊，"甘博士微笑着点点头，接着说，"北方丝绸之路出现在汉代。更早的时候，人们相信已经有人从我国的北方出发，向北经过蒙古草原，再向西沿着中亚和西亚的北部地区进入南俄草原，最终到达欧洲了。"

"又是蒙古又是南俄，一路经过的都是草原。这么说这条路一定叫草原丝绸之路。"戈丁断言。

"判断正确。"甘博士又点点头，然后接着说。

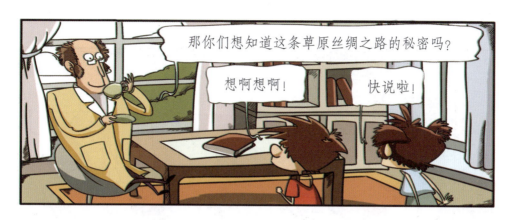

"草原丝绸之路很可能在 3000 年以前就已经出现了。唐朝以后草原丝绸之路又得到发展，其中一些路段还成了北方丝绸之路的一部分。另外，在我国南方还有一条从四川出发，经过云南、缅甸到达身毒的贸易线路。沿着这条线路，我国四川的蜀布、筇竹杖等特产和铁、铜被运到印度，并且很可能也流传到了西方。"

"对呀，加上海上丝绸之路，共有四条丝绸之路。"戈丁伸出四根手指说。

哈哈！有了这四条丝绸之路，中国的丝绸就可以方便快捷地抵达罗马了。

接着，戈丁抓过甘博士放在桌上的地图，指点着分析起来："古罗马人又是沿着怎样的线路来到我国的呢？他们从地中海启程，接着进入印度洋……然后他们一路沿着海岸线前进，就可以到达我国的南海了。"

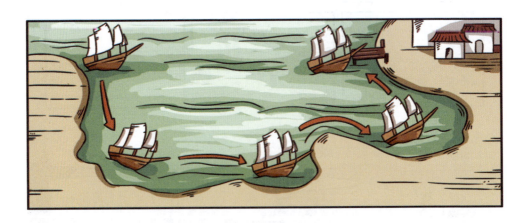

"精彩！"甘博士带头鼓掌，"当年的古罗马人很可能就是这样来到我国的……后来又过了1000多年，我国也有一位大航海家——郑和远赴西洋，最远到达了非洲东海岸呢……"

这时候，戈丁不知道想到了什么，显出一脸向往……

"想试试吗？那我就满足你的愿望！"就在这时，一个尖细的声音在戈丁耳边响起，吓了戈丁一大跳。戈丁一回头，看到一只长着翅膀的卡通猫正飘浮在他身边，一双翅膀上下挥动着，眼睛里闪烁出光芒。

"你是谁？"戈丁好奇地问。

"我是飞天猫呀！"卡通猫回答，"你不是想像古人那样在丝绸之路上旅行吗？我就让你看看古时候的丝绸之路是什么样的……"

随着飞天猫的话，甘博士家书房的景色变了——戈丁看到一望无际的大沙漠，远处还有巍峨耸立的高山、波涛汹涌的大河……

　　转眼间，沙漠里刮起了风沙，吹得戈丁睁不开眼睛。

　　再一转眼，戈丁又仿佛置身在高山上，凛冽的寒风夹着雪粒打在他的身上、脸上，使他皮肤生疼。

　　"这就是北方丝绸之路？"戈丁疑惑地问。

　　"没错！真实吧？"甘兰兰在戈丁耳边说，"飞天猫是叔叔发明的全息影像投影仪，它不仅能模拟任何场景，还能让人有身临其境的感觉呢！"

像是在配合甘博士的话，飞天猫在丝绸之路的场景上加上了骑着马匹、赶着驼群的旅人商队。他们顶着风沙雨雪前进，显得风尘仆仆。

"那我们就准备出发吧。"甘博士说，"不过我们不用那么辛苦，可以先舒舒服服地坐上火车赶往丝绸之路的起点。一路上，我还可以给你们讲关于丝绸之路的故事……"

"丝绸之路" 概念的扩展

德国人李希霍芬最初提出"丝绸之路"这个概念时，只是指北方丝绸之路，也就是传统意义上的东、西方贸易通道。后来"丝绸之路"这个提法越来越普及，影响也越来越大，它的概念也就被扩展开了。

现在我们说的丝绸之路可以指北方丝绸之路，也可以指一切连接和沟通东、西方的贸易通道，包括草原丝绸之路、南方丝绸之路、海上丝绸之路，甚至包括唐朝以及后来出现的唐蕃古道和茶马古道。唐蕃古道和茶马古道虽然只到达西藏的拉萨，但是从那里同样可以前往印度，进而和西方建立联系。

关于草原丝绸之路和南方丝绸之路

　　草原丝绸之路到底是不是3000多年前就已经出现了呢？这个问题到现在为止还没有确切的答案。不过人们在埃及发现了5000多年前的青金石首饰和3000多年前的丝绸残片，还在距今3000多年的商代妇好墓中发现了和田玉。这些都证明了远在北方丝绸之路出现以前，东、西方之间就已经有了贸易交流。

　　南方丝绸之路的出现要晚于北方丝绸之路。但可以确定的是，在更早的时候，古蜀人（即古代四川人）已经和身毒人有了贸易交流。

火车在山野间前行。在舒适的车厢里，戈丁和甘博士相对而坐，甘兰兰坐在甘博士身边。在他们面前，摆着甘博士带上车来的水果和饮料。

"甘博士，您现在可以讲丝绸之路的故事了吧？"戈丁早就急不可耐了。

甘博士笑了笑说："好吧，现在我就来讲讲2000多年前我国古人对丝绸之路的开拓和经营。"

甘博士开始了他的讲述：

"我们说丝绸之路出现在2000多年前，是因为正是那时的一个中国人开拓了最早的丝绸之路。

"公元前2世纪，我国正处在西汉王朝统治时期。汉帝国是当时世界最强大的四个帝国之一，但是在我国的北方还生活着凶悍的草原游牧民族——匈奴人。他们建立起强大的匈奴汗国，时常骚扰汉帝国北方的边境。

"公元前139年，汉武帝刘彻在位。他派出一支使团到西域寻找大月氏人，希望能和他们结盟，共同对付匈奴人。"甘博士说到这儿时，戈丁有点不明白。

"汉朝人把汉朝疆域以西的国家和地区叫作西域。大月氏就是当时西域的一个小国，他们被匈奴人打败，逃到了妫水，也就是阿姆河一带。"甘兰兰解释道。

"兰兰说得没错，汉朝使团正是去找这个大月氏国。率领这支使团的人名叫张骞，他和他手下的100多人一路向西出了国境，但没走多远就被匈奴人发现。他们寡不敌众，全都成了俘虏……"

"真糟糕！"戈丁说。

"幸运的是，匈奴人没杀张骞，而是把他囚禁起来，一关就是十年。后来，张骞终于找到机会，带着一个随从逃出了匈奴人的领地。他们并没有逃回汉朝，因为张骞始终没忘记自己的使命。他们历尽艰难，穿越沙漠，又翻过帕米尔高原，终于在阿姆河流域找到了大月氏人……"甘博士看了看戈丁，继续说。

　　"张骞真是太棒了！"戈丁刚发出一声赞叹，就听甘博士接着说："然而这时的大月氏人已经习惯了阿姆河畔的生活，乐不思蜀，不想找匈奴人复仇了。所以，他们回绝了张骞的请求，不肯和汉朝结盟。"

　　"真可惜，张骞还是没能完成使命。"戈丁又禁不住惋惜。

　　"是啊，不过从另一个方面说，张骞的收获可能更大呢！"甘博士笑着用手向远方一指，继续说，"因为这时候，他已经发现了通向西方的道路。"

戈丁刚想说话，就听到甘博士已经接着说了下去："张骞当然不知道他开创了中西方交流的历史。他在大月氏住了一年多才起程回国。然而在归途中尽管他绕道而行，尽可能地躲避匈奴人，还是被抓住，又被囚禁了两年多才得以逃脱。当他回到汉朝的时候已经是公元前126年。"

"张骞真是太伟大了！"戈丁再一次忍不住赞叹。

"这些年张骞的工夫可没有白费——他了解了很多西域的情况，更熟悉了通往西域各国的道路。公元前119年，张骞再次受命出使西域。这一次他和他的手下们到达了西域很多国家，这些国家也都派遣使者到汉朝回访。汉朝和西域各国正式建立了联系……"甘博士说到这儿，停了停。

　　"是不是丝绸之路就这样出现了？"戈丁问。

　　"不完全是。"甘博士摆摆手，接着说下去，"张骞出使西域具有划时代的意义，后人评价他'凿空西域'，也就是说他第一次打通了通往西方的道路。不过当时很多西域小国还臣服于匈奴，通往西域的道路并不安全……"

　　甘博士顿了顿，继续说："但张骞出使西域前后，汉武帝几次出兵西域显示了强大的武力，又大败匈奴，把这些匈奴人赶出了西域，于是西域各国纷纷臣服，表示接受汉朝的统治。到了汉宣帝神爵二年，也就是公元前60年，汉朝在西域设立了都护府，终于实现了丝绸之路的和平通商……"

　　"哇，看来丝绸之路的开通还真不容易呢。"戈丁说。

丝绸之路真的是古人历经千辛万苦开创出来的啊！后来怎么样呢？

"更不容易的事情还在后面呢。"甘兰兰朝戈丁笑了笑说，一副"我什么都知道"的样子。

"是啊，"甘博士喝了几口饮料，接着说，"西汉王朝并没有一直强大下去，而是渐渐衰落，最终被王莽建立的新朝取代。这时候匈奴人趁机夺回了一些西域的领地，有些西域小国也借机独立，丝绸之路一度中断。"

要想从此过，留下买路财！

"后来东汉兴起，汉朝再度强大，这才重新展开了打通西域道路的行动。从公元73年开始，东汉名将班超北击匈奴，得胜后出使西域。他凭着勇气和智慧杀匈奴使者，斩于阗巫师，平疏勒，破莎车，联合乌孙降伏姑墨、龟兹等国，威震西域20多年，终于使丝绸之路恢复了繁荣……"戈丁听甘博士讲着班超的事迹，心中想象着这位英雄的威武形象，连喝彩都忘了。

甘兰兰拍了拍戈丁，示意他注意听。甘博士继续讲着："由于班超的经营和努力，丝绸之路又繁荣起来了。在这期间，还发生了一件大事呢。"

"那是在汉和帝永元九年，即公元97年，班超派出一位大使甘英，让他一路向西进发，去访问大秦。甘英游历了西域的很多国家，最后经过条支国（位于波斯湾沿岸，底格里斯河和幼发拉底河的入海处）到达了安息帝国，安息就在今天的伊朗。

"然而可惜的是他在汪洋大海边停住了脚步，没能完成出使大秦的使命。因为安息人告诉他航海很艰难，而且充满了危险。所以他最终放弃了去大秦的念头，回国了。"

简直是太可惜了！甘博士，甘英姓甘，您和兰兰也姓甘，你们……

你猜得没错，我们都是甘英的后代呀。有人说甘英是我国历史上出使西方的第一人，也是第一个到达地中海沿岸的中国人。叔叔却总是感慨我们这位先祖没能完成使命……

"哈哈，不说这些了。"甘博士笑了笑说，"我们的首个目的地就要到了，让我们来完成先辈未竟的事业，游遍丝绸之路吧……"

"东方不亮西方亮"的大月氏人

　　张骞第一次出使西域就是为了寻找大月氏人，让他们和汉朝联手对付匈奴。大月氏人原是生活在我国甘肃兰州一带的月氏人的一支。他们先后被匈奴和乌孙打败，一路向西迁徙。

　　照理说这些大月氏人经常成为别人的手下败将，很窝囊，然而"东方不亮西方亮"——逃到阿姆河一带的大月氏人时来运转，客场打败了当地的大夏国人，逐步站稳了脚跟。后来大月氏五部落中的贵霜翕侯丘就却打败其他四个大月氏人部落首领，自立为王，而且建立起一个强大的帝国。对，你没猜错，这就是我们前面提到的贵霜帝国。

　　当时四大帝国之一的贵霜帝国竟然是大月氏人建立的，这也难怪他们乐不思蜀，不想再回头找匈奴人报仇了。

西域和西域都护府

前面我们已经说过，汉朝时西域是指汉帝国疆域以西的国家和地区。实际上西域的地理范围是不断变化的。汉朝时的西域包括今天的新疆和中亚大部分地区，后来西域的范围不断扩大，到隋唐时已经涵盖了西亚和欧洲的一部分。

张骞"凿空西域"后，汉帝国陆续征服了一些西域小国，于是开始在西域设立军事和行政机构，也就是西域都护府。都护是汉朝西域地方的最高长官。汉朝第一任西域都护名叫郑吉，后来班超也做过西域都护，两汉时共有知名、不知名的西域都护20多位。

　　问：甘英作为我国历史上出使西方的第一人，真的到达了地中海沿岸吗？具体是什么地方呢？

　　答：关于甘英到达的海岸，比较公认的看法是地中海沿岸地区。除此之外，也有人说甘英到达的是波斯湾或者里海，至今没有定论。

　　问：安息人为什么要告诉甘英航海很艰难，而且充满了危险呢？他们又是怎么吓住这位汉朝使臣的呢？

　　答：要知道，安息处在汉帝国和罗马帝国之间，我国的丝绸要运到罗马必须经过安息。安息人垄断着丝绸生意呢，所以他们当然不希望汉帝国和罗马帝国直接联系。

　　至于安息人吓阻甘英的说法嘛——他们说航海很艰难，渡海到罗马帝国最快也要三个月，风向不对的话也许需要两年。另外，他们还说海里有怪物（有人说安息人口中的海怪就是希腊神话中的塞壬——她是著名的海妖，能用歌声迷惑过往的航海者），能让人思念故土，甚至会害死人。

第五章

洛水之阳有东都

一下火车，甘博士就带着戈丁和甘兰兰来到了横跨洛河两岸的洛阳桥旁。在这里，戈丁等三人站在河畔，看河水滔滔，双桥飞渡，禁不住心旷神怡。

"看，这就是我们丝路之旅的第一站——洛阳。"甘博士指着眼前的洛河水说。

为什么是洛阳？

因为洛阳是东汉和盛唐时的丝绸之路起点呀！

东汉和盛唐？我明白了，东汉定都洛阳，盛唐时一定也定都过洛阳。

没错，洛阳是历史上著名的千年古都之一。它从东周时期开始就是我国的都城，前后有13个王朝曾在此定都呢。

真了不起！那么洛阳之所以叫洛阳，是不是和眼前这条洛河有关呢？

"你猜得太对了！"甘兰兰朝戈丁竖起大拇指，"叔叔告诉过我，洛阳就是洛水之阳，也就是在洛水北岸的意思。"

"不过洛阳的古称和别称很多呢。"甘博士接过了话题，一边比画一边说，"夏朝、商朝的都城都离洛阳不远，在今天的偃师市。偃师市是洛阳市的一部分。东周定都洛阳，当时称洛邑、新邑等。汉高祖时也曾定都洛阳，后来迁都。东汉时洛阳称雒阳，洛和雒读音相同，字却不同。唐朝时称洛阳为东都、神都、东京，宋朝时称其为西京，金代称其为中京……这些都是洛阳的别称。"

本博士的书法还可以吧！

"这么多名称？简直要把人搞晕了。"戈丁掰着手指头计数，显得一头雾水。

这时甘博士正带着他们沿街向南走，前面隐约可以看到几朵巨大的"牡丹"。

"还有一个名字叔叔没提到哩！"甘兰兰指着前面的"牡丹"说。

"牡丹？"戈丁一抬头，这才看到前方绽放的"牡丹"，不禁感到奇怪。

对，就是牡丹呀。洛阳牡丹天下闻名，因此洛阳又有"牡丹花城"之称。这里有一年一度的洛阳牡丹文化节，那可是全国四大名会之一呢！

哈哈，洛阳牡丹文化节每年四五月间举办，我们来得正是时候呢！

那还等什么，我们快去一饱眼福吧！

看罢"花中之王"牡丹，甘博士和戈丁、甘兰兰继续游览洛阳。

"接下来我们去哪儿呢？"坐在车上，戈丁问甘博士。

甘博士笑着说："作为历史文化名城，洛阳值得一看的地方太多了，像关林、白马寺、鸡冠洞、老君山，还有杜康仙庄、玄奘故里、白云山风景区和龙潭大峡谷等等。当然了，龙门石窟作为我国四大石窟之一，绝对值得一看。"

听甘博士一连串说出这么多景点，戈丁掰着手指头算了算，高兴地说："哇，这么多地方，足够我们游玩一周了。"

"不过，"这时甘博士话锋一转，接着说，"考虑到我们这次是'丝绸之路主题文化之旅'，所以我决定带你们去隋唐洛阳城国家遗址公园看看。"

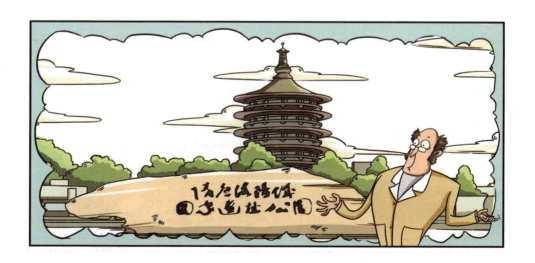

隋唐洛阳城国家遗址公园到了。

"真是宏伟壮观呀！"戈丁望着眼前的建筑感叹起来。

"是啊，"甘博士同样显得激动，他说，"两汉距离现在年代久远，当年的遗迹今天已经很难看到了。但是从隋炀帝杨广时代开始，洛阳城不断扩建，到武则天在位时期达到鼎盛，后来北宋时依然以洛阳为西京，给今天留下了不少珍贵文物和历史见证呢。"

武则天可是我国历史上唯一正统的女皇帝呢！

同时她也是即位时年龄最大（66岁）、寿命较长（终年81岁）的皇帝之一呢！

戈丁看着眼前巍峨高耸的宫殿，听甘博士继续介绍着：

"看到了吗？现在我们面前的这座上圆下方的宫殿建筑就是明堂，又称万象神宫。在它后面不远，西北方向的那座更加高大的宝塔式建筑则是天堂，也就是电影《狄仁杰之通天帝国》中的那座通天浮屠。"

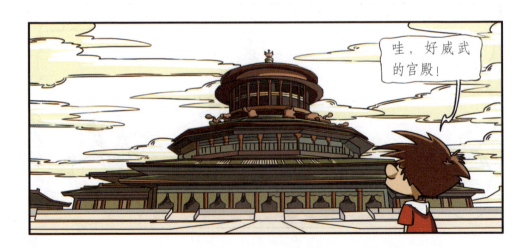

哇，好威武的宫殿！

这么说它们都是唐朝武则天时期的建筑了？

准确地说是复原建筑，它们都是在原建筑遗址上根据历史文献记载重建的。

"没错，"甘博士点点头，补充说，"这里就是隋唐时古洛阳城的中心，明堂正处在古洛阳城宫城中轴线上。而宫城和皇城位于古洛阳城西北角，宫城和皇城的东、东南和南面就是外郭城，也就是平民百姓居住的区域。"

"在那里，"甘博士转过身指着远处说，"当时的洛河南北两岸街巷纵横。洛河北岸有北市，南岸有南市和西市——这三大市场就是当时的贸易中心……"

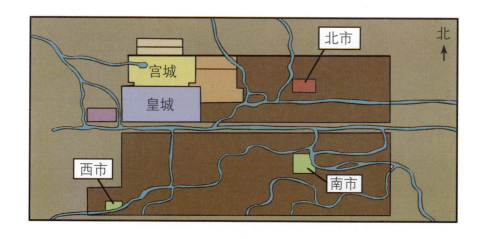

贸易中心？那是不是丝绸之路的贸易起点就是这些地方呀？

那还用说？想见识一下吗？那我就满足你的愿望！

飞天猫说着，也不等戈丁回答，就启动了全息投影虚拟演示模式。戈丁转头一看，眼前出现了一片繁华景象。

在喧嚣的集市上，街道两旁满是店铺摊位，各色商品琳琅满目，有些货摊上还摆着酒食，买卖双方什么民族、什么肤色的都有，商品中也有很多充满了异域风情。街上南来北往的人，有的骑着马，有的赶着骆驼，显得风尘仆仆。

虚拟演示渐渐淡去，戈丁还呆呆地站在那里，惊讶得嘴都合不拢。

"说得对！"甘博士拍了拍戈丁的肩头，带着骄傲说，"东汉和隋唐时期，尤其是隋炀帝和唐高宗、武则天当政的时候，洛阳不仅是我国的中心，也是世界文明交流的中心，称得上当时的国际超级大都市呢。"

"完全同意！"戈丁一边拍手一边说，"我觉得当时洛阳绝对是超一流的国际大都市。"

话别说得太早哟!

"哈哈……"甘博士见戈丁脸上露出疑惑的神色，笑了笑说，"洛阳的确一度是我国的政治、文化中心，不过即使在东汉和盛唐时它也不是一直都那么风光。到了南宋和金国并立的时候，古洛阳城已经被损毁、废弃。金人新建的洛阳城规模已经大大缩小，远没有洛阳当年的辉煌了。元朝以后，洛阳不再是都城，也就不再是全国的政治、文化中心了。"

原来是这样，我明白了!

不过我说洛阳是我国的中心，这句话可没说错哟!

山水阴阳和东都、西京之称

我们说洛阳就是洛水之阳，即洛河北岸。其实我国古代称河流北岸为阳，南岸则为阴。而山脉正好相反：山南为阳，山北为阴。我国的很多地名都可以这样解读。例如：

淮阴——淮河南岸地名；

汉阳——汉江北岸地名；

华阴——华山以北地名；

衡阳——衡山以南地名。

而洛阳在唐朝时被称为东京，为什么到了宋朝时又称西京呢？这是因为洛阳在唐朝正式的京城长安以东，而在宋朝首都汴京（今河南开封）以西，所以就分别以东京、西京命名了。

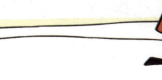

佛教东传的产物——龙门石窟和白马寺

在洛阳的历史文化遗迹中，龙门石窟和白马寺无疑是最著名、最具有代表性的。实际上，它们是佛教东传的产物，和丝绸之路有着很紧密的关系。如果没有丝绸之路，佛教的东传很可能不会发生，那么东汉明帝（公元58—75年在位）就不会遣使到西域求法，白马驮来佛经、佛像，汉明帝始建佛寺，并命名白马寺的事迹就不会有，而后来从北魏孝文帝时开始，持续开凿了400多年的龙门石窟也许也不会存在。

不过，如今的白马寺也早已经不见东汉的遗迹，只是空留下一个古老的传说；而我们在后面还要介绍一个和龙门石窟同样著名的敦煌莫高窟。因此，我们在这里对这两个著名的文化遗迹就不做更多介绍了。

大唐盛世和武周时期

继汉帝国之后，李渊和李世民父子建立的唐朝再次成为当时世界上最强大的帝国之一。唐朝从公元618年立国到公元907年灭亡，经历了近300年。唐朝先后出现"贞观之治""永徽之治"和"开元盛世"，一时间唐朝国力强盛，经济繁荣，人民生活安定，是我国历史上著名的盛世。

李世民死后，武则天在唐高宗永徽年间渐渐取得权势。她先称"天后"，后终于在公元690年称帝，改国号为周，成为我国历史上第一位也是唯一一位女皇帝。武则天善于治国，延续和发展了"贞观之治"和"永徽之治"，为唐实现"开元盛世"打下了基础。

由于武则天在统治时期定都洛阳，并改称洛阳为神都，使洛阳成为当时的政治、文化中心。

问：明堂是什么？天堂又是什么？为什么要对这两个建筑进行复原修建呢？

答：明堂是我国古代帝王最重要的礼制建筑之一，皇帝会在这里主持很多活动，如朝会、祭祀等。明堂上圆下方象征着天圆地方，北京天坛的祈年殿就是明堂，也是目前发现的唯一遗留下来的古代明堂建筑。

武则天下令修建的天堂实际上是一座礼佛堂。像电影《狄仁杰之通天帝国》中呈现的一样，天堂之中供奉的是一座无比高大的佛。据说大佛的一个小指头里面就能容下几十人。

这两座建筑无疑是隋唐古洛阳城的代表，因此洛阳市政府才会把它们复原出来，供大家欣赏。

问：为什么甘博士说元朝以后洛阳不再是全国的政治、文化中心了，却又说洛阳是我国的中心呢？

答：元朝以后明朝先后在南京、北京建都，清朝首都也设在北京，洛阳当然不再是政治、文化中心了。至于为什么说洛阳是我国的中心，答案在后面哟！

第六章

天下之中，中原河南

奔波了一天，三人都累了。甘博士、戈丁和甘兰兰三个人正坐在餐桌旁，饥肠辘辘地等着享用美餐。戈丁一直在琢磨甘博士的话，现在终于忍不住问："甘博士，您为什么说洛阳是我国的中心呢？"

"哈哈，原来你一直对这个有疑问呀！"甘博士爽朗地大笑起来，说，"飞天猫，微缩演示一下《禹贡九州图》！"

收到。全息投影开始！

随着甘博士的指令，飞天猫跳到了半空，大声说："那就满足你的愿望！"接着，餐桌上方就出现了一张地图。

看到了吗？这里就是洛水，洛阳在洛水北岸，就是这里……

豫……不是河南的简称吗？九州是中国的代称……我明白了，洛阳在河南，河南就是九州中的豫州，在我国的中心。

对极了！不过你知道九州是怎么回事吗？中原又是什么地方？豫州为什么是我国的中心呢？

这……

兰兰，这些问题可不那么容易解释呢。要了解中原文化和九州的概念，首先要弄清楚中华民族的起源——飞天猫，展示《禹贡九州图》的地形地貌。

　　转眼间，《禹贡九州图》翻转过来，像是铺在桌面上方。地图上隆起了峰峦，奔腾着江河。在这张动态立体地图上，戈丁可以清楚地看到一条蜿蜒流淌的大河居中而过，这片土地的整个地势看起来西高东低，南北高高的山岭夹着中间的平原。而河南中心的位置更是四面群山环抱，中间是一块盆地。

戈丁看得又好奇又兴奋。这时甘博士讲解起来：

"河流是人类文明的摇篮。我们都知道中华民族起源于黄帝和炎帝这两支部落。实际上，黄帝和炎帝部落就是在黄河流域发展起来的。"

"大约在5000年前，黄帝和炎帝部落都从黄河中游，即今天的陕西一带迁移到了更适合人类居住和农作物生长的黄河中下游地区。"说着，甘博士用手指向河南一带说，"后来黄帝和炎帝结盟，又联合周边的一些其他部落，形成了华夏族。所以我们中国人又自称'炎黄子孙'或者'华夏民族'……"

"相传大禹治水之后，把天下分为九州，就是冀州、兖州、青州、徐州、扬州、荆州、梁州、雍州和豫州。其中豫州居中，因此又叫中州、中原或中国。所以中原最早指的就是豫州，也就是河南。"甘博士继续说。

　　"不过那时的'天下'太小了，后来这个范围不断扩大。"说话间，随着甘博士一招手，飞天猫的眼睛闪了闪，桌面上的动态立体地图突然间扩大，戈丁感到自己都被包围到地图里了。

　　"于是，中原的范围也跟着扩大。现在，中原实际上包括河南省全部和河北、山东、江苏、安徽、陕西、山西等省的部分地区，河南依然是中原的中心。其实就算从今天的我国地图上来看，河南还是'天下之中'，而洛阳也依然位于我国的中心。"甘博士滔滔不绝地说。

难怪我国古代有这么多王朝定都在洛阳呢！

"是啊，古代社会人类生存的基础是农业，气候条件对农作物的生长影响很大。河南地处亚热带向暖温带过渡地带，属大陆性季风气候，四季分明，夏季雨量充沛，秋季日照充足，所以我们的先民才选择在这里繁衍生息呀。"甘博士解释道。

哇，这么多好吃的！

戈丁，先别忙着吃。你知道这桌宴席的名目和来历吗？

　　戈丁听了，忙放下刚抓起来的筷子，却不知道怎么回答，于是求助地看向甘兰兰。

　　"你看，刚才服务员一个个端着盘子送上桌来，像什么？"甘兰兰提示着。

　　"像……像流水……"戈丁猜测道。

没错。这桌菜就叫"水席"，是洛阳有名的传统宴席，也是河南豫菜菜系中的名宴，据说已经有1300多年的历史了。

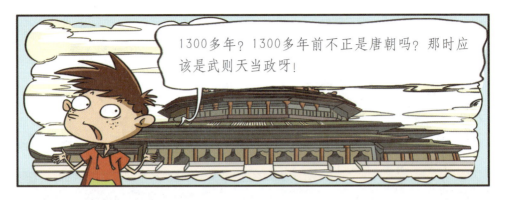

"你说得很对。"甘博士笑着说，"相传水席和武则天有点关系呢。不过，传说毕竟是传说，不能当真。但洛阳水席的确是豫菜的精华之一，更体现了河南地方特色和中原地区的传统饮食文化呢。"

戈丁大口喝下一碗汤，抹着嘴说："河南的美食辣得过瘾，酸得爽快！"

"嘻嘻，这就是河南美食的特色。"甘兰兰说，"酸能生津，辣能驱寒。河南人还真会吃呢！"

"是呀，"这时甘博士也吃完了，他笑着说道，"酸和辣正是洛阳菜的两大特色，讲究汤水也是豫西人饮食的主要特点。这些都和洛阳的地理环境、气候特点有关呢。"

事实上，任何地方人们的饮食习惯和特色都受到当地地理环境和气候特点的影响。关于这一点，随着我们继续旅行，你们慢慢就会有体会了。

说完这些，他起身去结账了。

博士，我们明天到哪里去呀？

明天呀，明天我们要继续向西，去探寻丝绸之路的另一个起点喽。

洛阳地势甲天下

洛阳能成为千年古都，不仅因为它地理环境适宜，更因为它地理位置重要。

在前面飞天猫展示的地图中，我们可以看到洛阳四面环山：它北靠太行山脉，南望伏牛山脉，西倚秦岭，东接中岳嵩山。除了洛河，洛阳还有伊河、清河、磁河、铁滦河等十几条河流贯穿、滋养。因此，洛阳自古就有"河山拱戴，形胜甲于天下"的美誉。

另外，《洛阳赋》中还说洛阳是"八关都邑，十省通衢"之地。"十省通衢"就是说洛阳地处交通要道，是中原地区沟通南北、联系东西的必经之路，地理位置十分重要；而"八关都邑"又是什么意思呢？后面我们将会讲到。

河南民间特色小吃——浆面条和胡辣汤

吃一顿洛阳水席太麻烦，前后24道菜，平常两三个人也吃不完。除了洛阳水席，你知道河南还有什么民间特色小吃吗？告诉你吧，还有浆面条和胡辣汤呢。

做浆面条的原料非常简单，成本低廉。只要有绿豆浆发酵而成的面浆，再经过特殊工艺制成面条，就能煮出味美可口的面条了。当然，浆面条也可以加入多种配菜，洛阳浆面条的配菜有十几种呢。

和浆面条相比，胡辣汤更是大名鼎鼎。它的主料只有羊肉、面筋、胡椒、辣椒等几种，却鲜辣可口。要是在熬汤时加入中草药，还有滋补身体的功效呢。现在一说到胡辣汤，人们首先想起的就是逍遥镇胡辣汤，它的原产地在河南省周口市西华县逍遥镇。

问：甘博士说"河流是人类文明的摇篮"，真的是这样吗？还有哪些古代文明和水有关呢？

答：农田灌溉、农作物生长都离不开水。人类文明的早期发展都是从农业社会开始的，当然可以说"河流是人类文明的摇篮"了。就说四大文明古国吧，古埃及出现在尼罗河畔，古印度出现在印度河流域，两河流域孕育了古巴比伦，至于古中国，当然是发端于黄河流域以及长江流域了。

问：洛阳水席的24道菜都有什么呢？

答：洛阳水席的24道菜并不固定，可以搭配得高端些，也可以搭配得低档些，所以很难说到底都有什么。不过，洛阳水席中的"四镇桌"基本是指牡丹燕菜、葱扒虎头鲤、云罩腐乳肉和海米升百彩。此外，"八中件"又分"前五""后三"，"前五"有快三样、五柳鱼、鱼仁、鸡丁和爆鹤脯，"后三"则有八宝饭、甜拔丝和糖醋里脊。怎么样，听起来就让人垂涎欲滴吧？

一大早，甘博士和戈丁、甘兰兰已经离开了洛阳，继续向西行进。这一次他们选择了较为自由的出行方式——自驾游。按照甘博士的说法，他们现在正向古人出门远游的方式靠拢，但还差得远哩。

为什么我们不在洛阳多玩几天呢？

丝绸之路绵延近万千米，前方一路上还有很多值得去的地方，我们不能只看一个洛阳呀！

博士，我们这是要去哪儿？

现在我要带你们去看环卫洛阳城的八关之首——函谷关。

"函谷关？是不是老子骑青牛路过的那个函谷关？"戈丁问。

"正是。"甘博士笑了笑说，"看来你也听说过老子西出函谷关的故事呀。"

"当然知道了。"戈丁自豪地说，"我还听说他在这里写下了五千字的《道德经》，这本书是道教的经典呢。"

现在戈丁已经站在函谷关前了。在他对面，就是巍然耸立的城墙和城墙上的两座三层城楼。再向远望，两边都是险峻的山岭，只中间有一条深涧谷道蜿蜒通向西方。

哈哈！先来一张合影。

"看到了吧，这里就是东汉末年以前中原地区和西北地区的交通要冲，同时也是军事要塞。"甘博士说，"它最著名的并不是那些传闻，而是它重要的地理位置和战略地位。"

"这里果然地势险峻。"戈丁四下打量着说，"它为什么叫函谷关呢？"

这是因为从洛阳以东不远，直到河南和陕西交界地区的这段路全是深涧谷道，看起来就像个长长的匣子。而我们现在所在的位置正处在这段谷道的咽喉，所以秦国当年在这儿修建关隘，取名函谷关。

"函"字在古汉语里有匣子的意思，后来才引申指信件。比如剑函就是剑匣——你看，前方的谷道像不像窄窄的剑匣？

匣子？

像，真像！这么说这里一定是兵家必争之地了？

　　"没错，"甘博士说，"想当年战国七雄并立，楚、赵、燕、韩等六国联合起来攻打秦国，由于秦国凭着函谷关的险峻地势据守，六国联军竟然不能取胜，更无法西进函谷关一步。你说函谷关重要不重要？"

当时的秦国凭借着函谷关的险峻地势居然让六国联军难以取胜，可见函谷关在战略上的重大意义。

　　"简直太险峻、太重要了！真可以说是'一夫当关，万夫莫开'呀！"戈丁想到了一个成语，用得还很贴切。

对了，博士，您刚刚说这里是八关之首，还说八关环卫着洛阳城，到底是怎么回事呢？

"哈哈，你还记得这些话呀！"甘博士笑着说，"洛阳号称'八关都邑'，意思是在洛阳城东南西北四面各有三座关隘。其中有四关各占一角，以一当二，所以实际上共有八关。它们是：函谷关、伊阙关、广城关、大谷关、辕辕关、旋门关、孟津关和小平津关。八关之中，函谷关扼守着东西交通要道，因此居首……"

"原来如此……"戈丁恍然大悟。

不过，其实"八关都邑"中的函谷关并不是我们现在看到的函谷关——这里是秦函谷关；"八关都邑"中的函谷关说的是汉函谷关，建于东汉，原址在距离洛阳市区不远的新安县，现在已经看不到了。

所以我们只好来看看这座复原的秦代函谷关，对吗？

没错。

离开函谷关，甘博士继续驱车西行。不久，他们就来到了潼关。

"潼关我知道，这里也是古往今来的兵家必争之地！"戈丁现在已经跟随甘博士登上潼关城楼，他一边极目远望一边说。

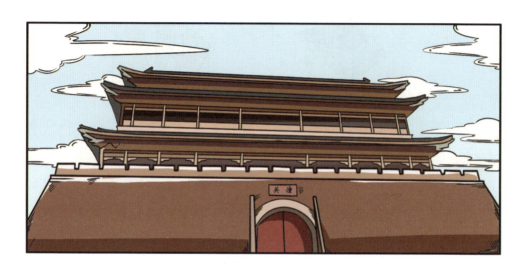

"当然了，潼关建城也有超过1800年的历史了，很多著名的战役都发生在这里呢。"甘兰兰一手扶着城墙，一手指着关下说。

兰兰，你还记得关于潼关最早的历史记载在什么时候吗？

"记得，"甘兰兰说，"那是在公元211年，曹操在潼关大战马超、韩遂，并凭着智谋击败了他们，从而平定了关中。这件事在《魏书》《三国志》中都有记载，《三国演义》也讲了这个战事。"

　　"知道。我刚才认真看过地图，我们现在已经到了河南和陕西的交界。"戈丁胸有成竹地说。

　　"确切地说，是河南、陕西和山西三省交界，同时也是关中和关外地域的分界。"甘博士严肃地说。

　　"关中？你们总是提到'关中'这个词，关中到底是什么地方？"戈丁好奇地问。

　　"当然。"甘兰兰笑着说，"有人认为：四关之中潼关居东，另三个是南方武关、西方散关和北方萧关。由这四关围起来的一片地方就称为关中，而四关之外，尤其是潼关以东的地方则被称为关外。"

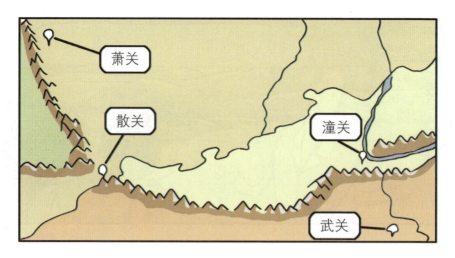

"关中和关外原来是这样划分的呀，我还以为关中是个地名呢。"戈丁恍然大悟。

哈哈，关中其实是一片土地呀。这片土地在相当长的历史时期是我国的政治、文化中心。

"真的吗？"戈丁睁大了眼睛，显得不敢相信。

"的确是这样。"甘博士笑着说，"秦消灭六国，统一了天下，关中就是秦国的故地。秦朝、汉朝和唐朝三个强大的中华古帝国都定都在这片土地上——关中当然重要了。"

"那我们就赶快到关中去吧！"戈丁迫不及待地说。

"当然，我们现在就出发，直达关中！"甘博士带着戈丁和甘兰兰下了城墙，向轿车走去，"哦，对了，潼关是东汉时才建起来的，东汉以前，关中大地东边的门户是我们之前经过的函谷关，而不是潼关哟！"

老子和太上老君

《西游记》里有个老头儿，他住在天界的离恨天兜率宫，宫中有一座八卦炼丹炉。孙悟空跑到他的兜率宫偷吃过仙丹，而他的一双火眼金睛也是在炼丹炉中修炼而成的。后来，他的青牛下界作怪，用金刚琢把孙悟空的如意金箍棒收走了——这个老头儿就是太上老君，又称道德天尊，和元始天尊、灵宝天尊并列为道教"三清"，是道教的祖师。

传说老子就是太上老君的化身。太上老君的化身不止老子一个，据说有81个之多。还有人把佛祖释迦牟尼说成是太上老君的化身呢。

问：除了老子西出函谷关，关于函谷关还有哪些传说呢？

答：关于函谷关的传说有很多，而且很多都是成语典故，像"鸡鸣狗盗""公孙白马"等。有兴趣的话可以找来看一看，它们都是很精彩的故事呢。

问：不是说中原地区是中华文明的摇篮吗？为什么又说关中是中华文明的源头呢？

答：前面我们提到，黄帝部落和炎帝部落从黄河中游迁移到黄河中下游地区，也就是中原地区。黄河自西向东奔流入海，它的中游当然是在中下游以西了。实际上黄帝和炎帝的老家都在关中呢。至于这两位炎黄子孙共同的祖先的故事，我们后面会讲到哟！

第八章

千年帝都数西安

离开潼关，甘博士继续驱车西行。他们一路上经过渭南的华阴市、华州区，又在渭南休息了一晚，才于次日清晨出发向西安前进……

"西安是陕西省省会，同时也是我国西北部最大的城市，我们一定不虚此行！"戈丁依然坐在前排，兴致高昂地说。

哈哈，不仅如此，西安还是在我国和世界上都有名的千年古都呢！

没错，让我想想……西安是西汉的都城、唐朝的都城……还有……还有……

我想起来了，西周的都城不是先后有两个吗？它们一个叫丰京，一个叫镐京。它们都在西安附近吧？

"没错，你的历史知识也不少嘛！"甘博士转过头，赞许地看了看戈丁，说，"丰京和镐京可以合称丰镐，分别在西安的西北和西南方向。丰镐作为西周的都城前后近300年，直至东周建立。不过，准确地说，西安并不能看作西周的首都。"

春秋战国时期的秦国和后来统一天下的秦王朝都城虽然都不在西安，却有很多重要遗址和遗迹留在这里，像阿房宫遗址、秦始皇陵和兵马俑等等。

　　"接着就该是西汉王朝了吧。"戈丁接过甘博士的话说，"汉高祖刘邦和楚霸王项羽争夺天下，刘邦获胜，就建都在西安。当时应该叫……对了，长安！"

　　甘兰兰听了笑起来。戈丁有点不好意思地说："也不知道说得对不对。"

　　甘兰兰笑得更好看了，说："你说得对极了，长安是当时著名的城市，被认为是世界四大古都之一呢！"

这个……这个我可没在书中看到。不过我知道后来的东汉王朝定都在今天的洛阳，但强大的唐朝首都还是长安，并且前后有将近300年的历史呢。

"是啊，"甘博士一边开车，一边总结起来，"虽然历史上西安还有不少叫法，例如西汉末年王莽建立的新朝称长安为'常安'，北周和隋朝时称'大兴'，但人们一提起西安，还是立刻就会想到古都长安。"

"实际上，不仅西汉、唐两个王朝在西安建都，有一些较短的朝代，例如魏晋南北朝时期的前赵、前秦、后秦、西魏和北周，还有唐之前的隋朝都曾经把西安作为首都，再加上新莽、东汉献帝初和西晋愍帝三个短暂时期，西安可真是个历史悠久的古都呢！"甘博士最后补充道。接着，他指着前方说："看，西安到了。"

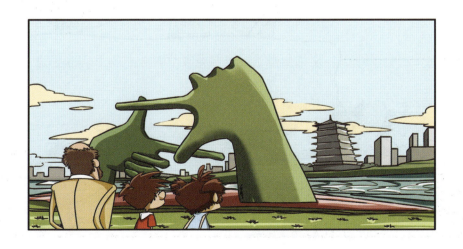

一进入西安市区，戈丁就被这座城市给吸引住了。街道两旁既有现代化的高楼大厦，又有古色古香的传统建筑，一看就是一座传统和现代相结合、历史文化气息浓郁的城市。

车子沿街穿行，没多久就来到一处高大的牌坊前。下车后，戈丁看到那里有红墙碧瓦，有古朴典雅的楼台，还有钟楼、塔楼和画像雕塑，而且人不少，显得热闹非凡。

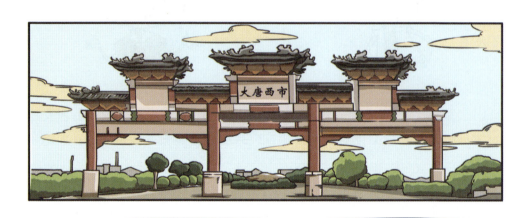

洛阳也有南市、北市和西市，这么说这里就是长安的西市了？

大唐西市……

没错。当然这里只是复古建筑，而且综合了许多现代商业元素。不过我们可以在这里感受到唐朝时经济的繁华，同时更能体验到丝绸之路风情。

真的吗？

当然了。你别看唐代时长安只有东市和西市两个商业中心，但西市的规模可大了——当时的西市占地有1平方千米。市内有纵、横街道各两条，呈"井"字形排列，还有环绕整个西市的四边形环街，将整个西市划分为九个街区，每个街区的建筑都是临街而立，门面就对街而设呢。

那西市的商家一定不少吧？

那还用说？西市中有店、铺、邸、肆、行等各类数以万计的商家门面，光是商家从事的行业就有200多种呢。

"哇，那一定非常壮观！"这时他们已经走到大唐西市门前，戈丁感慨着。

"你说得对，那是相当壮观。"甘兰兰点头表示赞同，"尤其是西市之中到处是胡客、胡商和胡姬，这些胡人来自丝绸之路上的多个国家。正因为有了他们，大唐西市才称得上当时世界上最大的国际商贸中心呢。"

太了不起了，真想穿越回去看看！

"当年的西市绝对称得上繁华壮观，可咱今天的西市也不差呀。我们还是来看看眼前全景展示唐朝时长安的繁华和丝路风情，同时还兼具商旅文化娱乐和消费功能的现代西市吧！"甘博士说着，带头走进了大唐西市。

他们参观了大唐西市博物馆、丝绸之路风情街，还逛了大唐西市国际古玩城和西市购物中心，真可以说"一日看尽长安花"，满意又尽兴。

原来丝绸之路上有这么多异族文化和风情啊！

看着看着，戈丁好像突然想起了什么，问道："不对呀，我刚刚怎么好像看到丝绸之路风情街上有日本和朝鲜特色的东西呢？这两个国家和丝绸之路没什么关系吧？"

"这个问题问得好。"甘博士点点头，一边发动汽车一边说，"我们说长安是西汉和唐朝时丝绸之路的起点，同时也是当时丝绸之路各国商旅的终点，但丝绸之路上的商品贸易并没有在这里中断。"

我明白了。各国的商品通过丝绸之路被运到长安，还要继续被运到当时全国的其他地方，而且出口到了当时的朝鲜和日本，对不对？

完全正确。我知道发源于印度的佛教就是从长安传到朝鲜半岛的高句丽的，再由另一个朝鲜半岛上的小国百济传到日本，而且直到今天，佛教在韩国和日本影响还很大呢。

"原来是这样啊，看来长安在当时还发挥着传播媒介的作用呢。"戈丁感叹着。

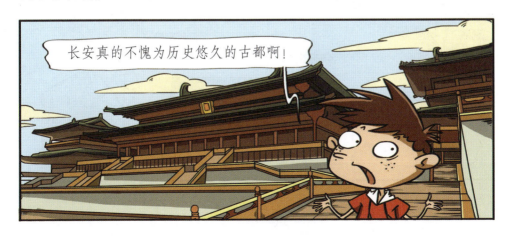

长安真的不愧为历史悠久的古都啊！

传播媒介的作用当然也有。不过更重要的是，唐朝是当时世界上科技、文化最先进的。不仅西域各国争相向唐朝学习，朝鲜和日本也都争着向唐朝学习呢。

它们像学生跟老师学习一样学习唐朝吗？

"没错，例如日本就多次派留学生到长安来学习唐朝先进的科技和文化。那时候日本在唐帝国面前可真是个好学的小学生呢。"

请多多指教！

到了以后要好好学！

不过这些都是过去的事了，我们还是好好了解一下西安吧。

说着，甘博士开动汽车，载上戈丁和甘兰兰继续前进。

关于我国四大古都和世界的四大古都

人们好像很喜欢评"四大""八大""十大"之类，把一些人物、地点或事件并列起来。这不，我国有四大古都，世界上也有著名的四大古都呢。

关于我国四大古都，根据建城年代、作为古都的时间长短以及在历史上的重要程度，人们通常认为是西安、南京、洛阳和北京这四座城市。南京早在三国时期就是吴国的都城，后来东晋、南朝都以它为首都，明太祖朱元璋更在此创立大明王朝。作为我国南方最重要的历史文化名城，南京不愧为"六朝古都"。北京更不必说了，因为它是春秋战国时燕国的首都，故又称燕京；后来金、元、明、清均在此建都，尤其是明、清在北京建都的历史有近600年。

至于世界四大古都，则一般是指我国的西安、意大利的罗马、希腊的雅典和埃及的开罗。

唐代的坊市制和长安的东、西市

　　唐朝时像长安、洛阳这样的大城市，都被一条条整齐的街道分割成一个个小区域。这些区域被沿主要街道修建的围墙围起来，成为坊和市两种功能区。坊是住宅小区，即城市居民的生活居住区；市就是市场，即商品贸易区，其余像饭店、酒楼等营业场所也都开在市。

　　唐代长安有东、西两市。东市靠近皇城，那里是达官贵人们聚居的地方。所以东市主要是为这些人服务的，属于奢侈大牌商品市场和高档消费区，一般平民百姓是不会去的。而长安城乃至整个丝绸之路主要的商品交易都集中在西市，因此使得长安成为当时的国际贸易中心。

遣唐使多数是留学生

几乎在整个唐朝时期，日本就好像唐帝国的学生，不断向唐朝求师问教。事实上，日本从贞观年间开始向唐朝派遣唐使，前后历时260多年，派遣使者多达13次。

在日本派到唐朝的使团中，有很多是留学生，他们是专门来学习佛法和科学文化的，属于正式留学生。不过，使团的全体成员都肩负着向唐朝学习的使命，他们中的很多人长期留在唐朝，和长安的学者、文人交流或者到各地观光访问，不断了解和学习。

可以说，唐朝对日本产生了巨大的影响，直到今天我们还能从日本的传统文化中看到大唐盛世的影子。当然，实际上日本派遣的使团成员（也就是遣唐使）多数是留学生。

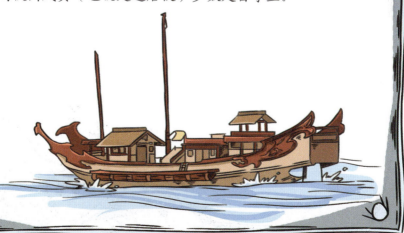

问：店、铺、邸、肆、行都是什么？

答：这些都是商家门店的名称，一般按照经营规模和品类命名。如肆规模很小，就是小货摊，如药肆、酒肆、衣肆等。店、铺规模略大，有食店、饭铺，就是小吃店、饭馆。邸是客店，专门供人住宿、囤货。行则是专营一类商品的商家，如金银首饰行。

问：前面说长安有许多西域丝绸之路各国的胡客、胡商和胡姬，他们都是什么人呢？

答：他们都是胡人。胡人是对我国北方游牧的少数民族部落的称呼，也指来自丝绸之路各国的外国人。所以胡客、胡商分别指的是西域各国沿丝绸之路而来的旅客和商人。至于胡姬，则是这些胡人在我国开办的酒家、饭店的女主人。唐朝时"胡姬当垆"还是一道美丽的风景哩。

第九章

八水绕，四方连

离开大唐西市，戈丁现在已经站在了西安著名的大雁塔下。他举目望着高高的大雁塔，心中油然生出敬意。

"我知道大雁塔是玄奘法师从天竺取经归来后修建的。"戈丁说，"他独自一人远游西域，带回了大量佛经，还有佛宝舍利和佛陀塑像。他可真了不起呢！"

奇怪，玄奘法师的三个徒弟去哪儿了？

你说的那是《西游记》。

"是啊。"甘博士点点头说，"唐僧西天取经的故事脍炙人口，而他对我国佛教发展和佛经翻译的贡献才意义重大呢。他当年正是沿着丝绸之路西行，遍游五天竺（指中、东、西、南、北天竺，在今印度、巴基斯坦一带），精研佛法，回国后又用毕生精力翻译了大量佛经，还创立了我国佛教的一个宗派——法相宗呢。"

我们赶紧去大雁塔看看吧！

这时戈丁和甘兰兰已经随甘博士步入大雁塔，参观了第一层的"雁塔题名"碑、第二层的释迦牟尼像等，正登上宝塔第三层，看佛宝舍利和大雁塔模型。

原来这里真的供奉着舍利呀。

是啊。据说当年正是为了供奉舍利和佛像才修建的大雁塔，不过这颗舍利和我们刚刚看到的佛像都不是玄奘法师从天竺带回的原物。

我听说"雁塔题名"和"曲江流饮"是古时候读书人的盛事，不知道对不对。

没错，这两件事都是从唐代流行起来的，不过现存的题名碑也是明代的了……

登临大雁塔七层塔顶，极目远眺，长安古城尽收眼底。尤其是塔北广场的巨型喷泉和水景恢宏壮观，令人震撼……

"真美！"甘兰兰赞叹着，"听说这里是亚洲最大的喷泉和水景广场，光是水面面积就有将近2万平方米呢。"

了不起！西安不是在我国的西北吗？难道这里不缺水吗？

"'八水绕长安'是说有八条河流围绕着长安城。"甘兰兰解释起来，"这八条河流分别是渭、泾、沣、涝、潏、滈、浐、灞，它们都属于黄河水系，在西安这个地方纵横交汇，滋养了这一方水土，才使西安成为历代帝王眼中的建都首选地。"

"据勘查，西安市境内共有50多条河流。不过由于污染等原因，今日的西安的确是个缺水的城市。好在西安市政府正在加强河流的治理和建设，'八水绕长安'的景象会重现的。"甘博士接着解释。

时代在前进，城市在发展，随着西安人口增加、城区扩大，其规模也早就不是当初的长安古城可以比拟的了。今天的"八水"不是"绕长安"，而是"入西安"了。

"明白。"戈丁立刻领悟，"就是说今天的'八水'实际上是穿流在西安市区之中，而不是环绕着西安古城了。"

对，就是这个意思。西安现在虽然已经不是国家的政治中心，但它四通八达，地理位置非常重要，依然起到了交通枢纽的作用，是我国西部最重要的城市。

"听说新亚欧大陆桥就经过西安，这座新亚欧大陆桥可以称得上现代的丝绸之路，是不是这样呢？"甘兰兰边走边问。

现代化的丝绸之路？快给我讲讲！

"哈哈，今天的人们当然比古人本事大多了。"甘博士笑着说，"现在，人们只要把各国之间的铁路运输线连起来，就能形成贯穿大陆、连接沿海港口的'陆地桥梁'，这就是大陆桥。而新亚欧大陆桥正是这样一座贯穿亚洲和欧洲大陆的桥梁，它中间的一段铁路线恰恰基本是沿当年的丝绸之路架设的，所以人们也叫它'现代丝绸之路'……"

我知道了，博士您说的这段中间的铁路线应该就是从西安算起。

那可不一定哟，别忘了洛阳在历史上也曾经是丝绸之路的起点呢。

98

"这……博士，西安和洛阳到底哪个才是丝绸之路的正式起点呢？"戈丁问道。

这可不好说啊，从丝绸之路历史看，西安当然是丝绸之路最早的起点；不过按照地理方位，洛阳显然在西安以东，并且也在相当长一段时间作为丝绸之路起点。

"您的意思是……"戈丁分析着，"如果按照地理方位，洛阳才应该是丝绸之路的起点，对不对？"

"是的，"甘博士点点头说，"新亚欧大陆桥东起江苏连云港，西达荷兰鹿特丹，西安是它沿途的重要城市，洛阳也在它附近。"

戈丁想了想说："这一定是因为洛阳、西安全都四通八达，是交通枢纽地带吧？"

你总结得没错。洛阳和西安在历史上都曾经占据显著的地位，正是因为它们一个居于"天下之中"，一个处在"关中腹地"呀。当然了，时至今日它们也还发挥着重要的作用。就像西安，我国西北的公路、铁路交通都在这里汇聚，要从西北到我国的其他地方，西安可是必经之地呢。

说话间他们已经出了大雁塔，向大慈恩寺外走去。接着，甘博士又带戈丁和甘兰兰参观了大明宫遗址和大唐芙蓉园，还有汉长安城的未央宫遗址。当了解到大明宫遗址和未央宫遗址都作为丝绸之路文化遗产被列入世界遗产名录时，戈丁和甘兰兰都觉得很兴奋。

天色渐渐晚了。"我们也该饱餐一顿然后早点休息了，明天一早我们还要去太平和朱雀这两个国家森林公园呢。"甘博士见戈丁和甘兰兰都意犹未尽，只好提出建议。

好吧，不过我们一定要去品味西安当地的美食才行哟！

哟，说咱们戈丁是个小馋猫一点儿没错呀！

什么呀，我这不是为了感受西安的特色文化嘛……

"戈丁说得对。到了一个地方要是不去品味一下当地的美食，怎么能算是真正了解了当地的文化呢？"甘博士大手一挥，笑着说，"走，咱们这就去吃西安著名的饺子宴，明早我再带你们来一碗羊肉泡馍，或者要一份肉夹馍，当然也可以去吃蜜枣甑糕，选择可多了。"

"还等什么，走吧！"戈丁叫着跑向停车的地方。

"曲江流饮"和"雁塔题名"

　　"曲江流饮"和"雁塔题名"都是唐朝文化界的盛事，也是科举进士的荣耀事，至今还留下了许多佳话呢。

　　先说"曲江流饮"。唐朝皇家御苑旁有曲江池，它靠近大雁塔，紧临大唐芙蓉园。唐朝时新科进士要在曲江宴饮，称为曲江宴。新科进士那可个个都是精英。精英们的宴会可不简单：不单喝酒，还要吟诗作赋，最是风雅。唐代许多大诗人都写过曲江诗，诗人刘沧就有诗句"及第新春选胜游，杏园初宴曲江头"——曲江宴后又有杏园宴，也叫探花宴。宴会中要选两位进士做探花使，骑马游遍长安，探寻奇花异卉，唐代诗人孟郊的"一日看尽长安花"描写的就是发生在杏园宴上的事。

　　此外，新科进士还要到大雁塔中题名留念，就是"雁塔题名"，这也是无上光荣的事。大诗人白居易就曾经"雁塔题名"。他骄傲地写下诗句"慈恩塔下题名处，十七人中最少年"。当年白居易还不到30岁，是进士中最年轻的，因此说自己"最少年"。

亚欧大陆桥

亚欧大陆桥也叫欧亚大陆桥。像前面提到的新亚欧大陆桥东西两个端点连云港和鹿特丹都是港口城市。海港连接着海上运输线，在海港之间再连接上铁路，建起陆上运输线，就实现了海陆联运，方便了贸易交通。这就是大陆桥的意义。

把"现代丝绸之路"称作新亚欧大陆桥，是因为在它之前已经有了一座亚欧大陆桥——一条东起俄罗斯符拉迪沃斯托克（海参崴），西至莫斯科并最终到达荷兰鹿特丹的铁路线。这条铁路线贯穿了亚洲北部和东欧、北欧，联系起远东、中亚、东南亚、中东地区和欧洲，已经运行了40多年，作用很大。

除了这两座亚欧大陆桥，目前还有正在运行的从我国重庆到德国杜伊斯堡的渝新欧国际铁路通道，以及筹划建设中的以深圳为起点，经尼泊尔、伊朗、土耳其等国到达荷兰鹿特丹的铁路线，等等。

西汉、唐朝两宫城

前面我们提到，离开大雁塔后，甘博士一行又参观了未央宫和大明宫两处遗址。

未央宫是西汉时期的主要宫殿，与长乐宫、建章宫并列为汉代三大宫殿。未央宫始建于汉高祖七年（公元前200年），占地广阔，气势雄伟，宫内遍布着殿台楼阁，极具规模。大明宫同样是多个唐朝皇帝的理政之所，从唐太宗贞观八年（公元634年）开始修建，到唐高宗年间成为唐代三大宫殿（另两个是太极宫和兴庆宫）中最大的一个。说起来，西汉未央宫的占地面积大约相当于北京故宫的七倍，而唐代大明宫比四个故宫的面积还大一点呢。

然而沧海桑田，这两个古代宫殿建筑群到今天早已只剩下一片废墟，我们只能通过在原址上的复原图来遥想它们当年的盛况了。

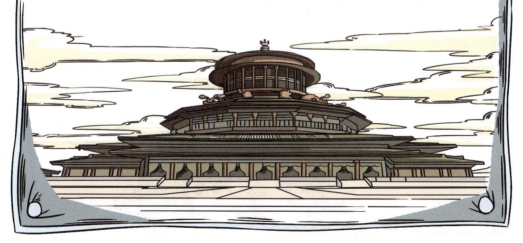

问：佛宝舍利是什么？法相宗又是怎么回事呢？

答：舍利出自梵语，是指佛教高僧死后遗留的牙齿、头发、骨骼等，往往被尊为佛宝，受到寺院的供奉。有些佛教高僧的遗体火化后还会遗留下坚固的结晶颗粒，被称为舍利子。佛教认为舍利子是高僧修行功德的产物，不过现代科学还没有对舍利子的来源做出合理的解释。

佛教东传来到我国，形成了很多宗派。法相宗就是其中之一，又叫唯识宗或者瑜伽宗。它的实际创立人为唐玄奘及其弟子窥基。唐高宗永徽四年（公元653年），法相宗传到日本。

问：能解释一下世界遗产名录吗？

答：世界遗产名录是由联合国教科文组织之下的世界遗产委员会建立起来的。只有具有保护价值的世界知名的文化和自然遗产才会被列入名录，它们会受到《保护世界文化和自然遗产公约》的保护。截至2017年7月，我国有53项世界遗产被列入这个名录。

第十章

背依秦岭据秦川

又是新的一天，甘博士、戈丁和甘兰兰正坐车前往西安市以南的太平国家森林公园。

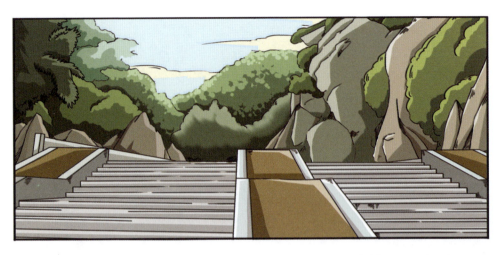

戈丁刚吃下一大碗热气腾腾、鲜美可口的羊肉泡馍，此刻又把手里那个大大的肉夹馍吃完了。

真好吃！这烤得恰到好处的白吉馍再夹上汤汁饱满、香味浓郁的腊汁肉，简直就是绝配，比起汉堡来可强多了。

嘻嘻，戈丁，你现学现卖的本事可真不错，刚听完卖肉夹馍的大爷说过的话就记住了。

那你说，我这块甑糕怎么样？

一眼看去，红白相映，咬一口软糯香甜，吃下去耐饥管饱，常吃养生保健。

"好吃吧？"甘博士一边开车一边说，"羊肉泡馍、肉夹馍和甑糕都是西安有名的小吃，也是关中地区最有特色的民俗食品。此外西安的名小吃还有很多，我在车上就带了一种，是准备给大家中午做干粮的呢。"

甘博士神秘地一笑说："到时候你就知道了。"

"好吧。"戈丁不太情愿地点点头，又说，"要我说昨晚的饺子宴才叫丰盛呢！原来饺子可以有这么多种馅儿料、这么多种吃法。光我昨天吃过的就有海鲜馅儿、鸡肉馅儿、鸭肉馅儿、鱼肉馅儿、苹果馅儿、五仁馅儿、豆沙馅儿……好像没有什么不能做馅儿的了。那饺子有煎的、炸的、烤的、蒸的，而且竟然有熘炒的——让人简直不敢相信。"

"我倒喜欢那些饺子宴的名目，"甘兰兰说，"像乌龙卧雪、彩蝶迎春、凤凰归巢，还有群龙闹海、雪中送炭、贵妃红酥……一听就有文化气息。"

"你们说得都很好，"甘博士听两个孩子说着，接过话说道，"饺子宴是现代西安人的创造，虽然不是传统美食，但已经享誉全国，甚至名扬海外了。不管怎么说，它已经成了西安饮食文化的一部分，说不定将来也能成为文化遗产呢。"

"一切文化不都是创造、继承，再发扬的吗？"戈丁说。

"不错，不过大自然的鬼斧神工不是人类能创造的哟！"甘博士说着，伸手向前一指，原来太平国家森林公园到了。

在太平国家森林公园，戈丁一马当先，甘博士、甘兰兰跟在他身后，他们过石门景区，看紫荆花海，又连赏彩虹瀑布、月宫潭等八瀑十八潭，一路上看不尽飞虹深涧、奇峰秀岩、翠木幽林，仿佛处于如诗如画一般的环境。

接着，戈丁兴致勃勃地拉着甘博士和甘兰兰来到朱雀国家森林公园。他们从芦花河向南，穿过河谷，越过山岭，又沿林间山径上去，终于登上了冰晶顶。

"哈哈，我就知道你会这么说。"甘博士笑了，他说，"你有这种怀疑精神是对的。不过我们从洛阳一路向西所经过的地方海拔其实在渐渐升高——洛阳市平均海拔在300米左右，整个河南省的平均海拔也不超过500米，但我们现在所处的西安市平均海拔已经超过1000米了。"

原来是这样。我明白了，我国的地势是西高东低，我们一路西行始终是在爬坡。而西安市的地势也是西高东低，对不对？

　　"聪明！"甘兰兰拍着手说，"戈丁，你还记得吗？飞天猫演示《禹贡九州图》的时候我们可以看到河南南北都有高山，它们就都是秦岭余脉呀。不过在陕西境内，秦岭只有这一条主脉，整条山脉呈东西走向，山体以北地势呈阶梯式下降，连接着关中平原，而关中平原以北就是陕北高原了。"

也就是说……西安南靠秦岭，坐落在关中平原上，再往北就是陕北高原喽？

哈哈，刚刚是谁提到我飞天猫了？那就让我来演示关中平原的地貌给你们看吧！

随着飞天猫的演示，戈丁他们面前出现了一条长长的山脉。山脉自西向东绵延，到东段展开三条分支，隔开了几块盆地、山谷和平原。

戈丁首先找到了洛阳盆地，然后顺着洛阳向西看过来，很快就找到了自己当前所处的位置。果然，这一带的山看上去比东段的山更挺拔巍峨、陡峭险峻。在山体的北麓可以看到整齐的断崖，于是整个山体北侧看上去就像层层阶梯一样，到底层形成了细长的平原地带，夹在山脉和平原以北高高耸起的黄土坡之间……

看明白了吗？这就是关中平原，也叫渭河平原。它地形狭长，自西向东有300多千米，也就是近800华里，所以自古又称"八百里秦川"。西安就据守在这"八百里秦川"的东端，背依秦岭，拥有得天独厚的地理位置和良好的自然环境。

这里还是个鱼米之乡啊，肯定有好多好吃的！

你又想到吃的了！

甘博士，您说得太对了。照我看这"八百里秦川"南有高山，北有高原，向东有山川之险，向西又是茫茫戈壁，还真是一块宝地呢。

的确是这样，不然西安怎么会成为千年古都呢？

"而且我看这秦岭也很重要啊。"戈丁又说，"洛阳盆地是由它的余脉环绕而成的，'八百里秦川'在地理位置上也与其有关，它一定很了不起，对吗？"

哈哈，当然了，秦岭不但是关中和中原地区南方的屏障，而且和淮河一起构成了我国地理的南北分界线呢。

正说话间，戈丁的肚子突然咕咕叫了起来，那边甘兰兰的肚子也发出咕咕的声音。

"叔叔，您别光顾着说地理了，我都饿了。"甘兰兰笑着说。

戈丁其实早就饿了，但他不好意思说，他一直惦记着甘博士说的那种特别的传统小吃呢。

快点快点！博士，该开饭了。

"好吧，地理知识可以慢慢再讲，现在吃东西要紧。"甘博士笑着说，同时像变戏法一般从背包里掏出一张大大的饼来。

这的确是饼，不过在关中应该叫锅盔。你们别看它只是面饼，可它外酥内干、色白味香，而且方便携带，还能长期存放不变质，长久以来一直是关中人喜爱的食品和出门必带的干粮。不仅如此，它还是"关中八大怪"之一呢。

这……这是饼吗？

西高东低说海拔

在地理学上，海拔是指某个地点高出海平面的垂直距离，完整地说就是海拔高度，也叫绝对高度。而两个地点的绝对高度差叫作相对高度。我们一般感知的高度都是相对高度。例如，我们站在地面上看一座山，看到的就是它的相对高度。

我国地势西高东低，而且地形地貌不同，所以我们在不同地方对山峰高度的感知可能是不同的。

例如，泰山被誉为五岳之首，但它的主峰玉皇顶海拔只有1500多米。我们感觉它很高，是因为它周围没有高山，而山东半岛地形又以平原和丘陵为主，距离泰山最近的泰安市平均海拔只有150米左右，与泰山的相对高度差为近1400米。这就难怪泰山被认为是"天下第一山"，人站在上面可以"一览众山小"了。

说到这里，大家也应该明白为什么戈丁没觉得冰晶顶有那么高了吧——没错，它周围都是高山，秦岭山脉自身海拔又高，戈丁当然感觉不到了。

陕北高原黄土坡

在八百里秦川以北是陕北高原。大家从飞天猫展示的虚拟地形图上可以看到陕北高原一片黄土，这正是我国北方和西北典型的黄土高原地貌。

没错，陕北高原正是黄土高原的一部分，处于黄土高原中部，在行政区划上归属于陕西，因此被称为陕北高原。陕北高原地表覆盖着厚厚的黄土层，那里也有山岭，如白于山、子午岭，还有我们后面将会讲到的陇山。

现在大家应该对陕西省的整体地形有一个了解了：陕西省北部是陕北高原，中部是关中平原，南部有秦岭，也就是陕南山地。

一岭一河分南北

甘博士说秦岭和淮河构成了我国地理的南北分界线，这是怎么回事呢？

大家看一下我国地形图就会发现，秦岭几乎贯穿了整个中国的西部和中部地区，而发源于河南省西南部的淮河连接着秦岭余脉，穿越河南、安徽、江苏三省最终汇入长江，这一岭一河恰好把我国分成南北两部分。

不仅如此，秦岭山脉横亘在我国南北之间，还起到阻隔夏季海洋气流和冬季北方寒流的作用，使得秦岭南北的气候明显不同（秦岭以南多为亚热带气候，秦岭以北多为暖温带气候），而且秦岭以南、以北的温度，降雨量，植物分布和粮食作物的耕种、收获季节也明显不同呢。

问：甑糕是一种什么糕点？甑又是什么呢？

答：甑糕是用糯米加上红枣（蜜枣）、红豆制成的，其实就是红豆枣糕。甑是一种十分古老的炊具，下部有孔或格，可以透蒸汽，放在另一种古老的炊具鬲（形状像鼎，足部中空）上面蒸煮食物，功能类似于今天的蒸屉。甑糕就是用这种炊具蒸出来的食物。甑可以用陶或铁制。正宗的西安甑糕要用陶甑蒸制。

问：甘博士说的"关中八大怪"分别怪在哪里？锅盔又怪在哪里呢？

答："关中八大怪"分别怪在：

面条宽得像裤带，锅盔大得像锅盖，

油泼辣子一道菜，老碗似盆分不开，

家家房子半边盖，板凳不坐蹲起来，

羊肚手帕头上戴，秦腔大戏吼起来。

锅盔像锅盖一样大，你说怪不怪？至于其他七大怪怪在哪里，你可以自己去关中体会哟！

118

第十一章

西北望咸阳

从朱雀国家森林公园回来已经很晚了，游玩了一天，大家都累坏了，因此决定晚上休整。吃过晚饭，三人围坐在宾馆的休息厅，戈丁先说话了——

博士，明天我们还到哪里去玩儿呢？

"哈哈，西安值得一去的地方太多了，像秦始皇陵兵马俑、骊山华清池、西安碑林，还有翠华山、曲江海洋世界、关中民俗博物馆……说也说不完呢。"甘博士说。

哈哈，我们可以玩儿上十天半个月了。

别光记着玩儿，你不想继续探索丝绸之路了吗？

当然想，探索丝绸之路才是我们的目标嘛！博士，那我们下一站去哪儿？

"提起西安，人们就会想到秦始皇陵兵马俑，它是我国古代非常伟大的工程，甚至被认为是世界第八大奇迹。秦始皇开创了我国古代第一个统一的封建王朝——秦王朝，但是秦王朝的都城并不在西安……"面对戈丁的问题，甘博士好像答非所问。

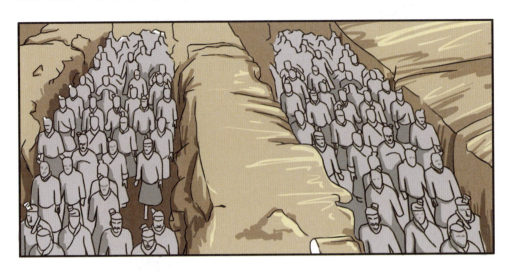

　　戈丁听着听着，却眼前一亮，说道："秦王朝的首都应该在咸阳吧，咸阳离西安不远，我们的下一站就是咸阳，对不对？"

答对了。咸阳就在西安西北方向，开车不超过一小时即可到达。实际上，西安和咸阳现在已经形成一体化城市了。2014年，国家还批准成立了"西咸新区"，使这两座城市向国际化大都市迈进呢。

哈哈，那不如以后西安和咸阳就合并起来，就叫西咸市好了。

"也许有一天会，谁知道呢！"甘博士点了点头说，"不过，西安和咸阳虽然同属关中，相距也不远，但它们各自有自己的城市历史和文化，至少现在在人们的意识中它们还是两个不同的地方。"

"对了戈丁，你知道咸阳名字的来历吗？"甘博士问道。

怎么来的？总不会是"咸的太阳"的意思吧？

当然不是了。你还记得洛阳名字的来历吗？还有，"咸"还有"都"的意思哟！

"洛阳在洛水之阳……咸阳……难道是在渭河之阳吗？"戈丁分析着，"但它为什么不叫'渭阳'呢？对了，山南也叫阳，咸阳以北一定还有一条山脉，这样它在河流以北，山脉以南，对于山水就都是'阳'了。"

"真聪明！"甘兰兰连竖大拇指，"咸阳正因为有渭河在南，北面还有九嵕山，山水皆阳，所以得名'咸阳'呀。"

"说得没错。"甘博士看了看两个孩子说，"不过历史上咸阳还有渭城之称。你们听说过古诗名句'渭城朝雨浥轻尘，客舍青青柳色新'吧，其中的这个渭城指的就是咸阳。"

你知道这首诗是谁写的吗？

不知道，反正不是我写的。

"这两句诗是唐代诗人王维的《送元二使安西》中的。"甘兰兰不等戈丁细想，脱口而出道，"这是一首送别诗，王维在渭城这个地方送别他的老朋友元二，诗的后两句是'劝君更尽一杯酒，西出阳关无故人'。"

是呀，元二是王维的好朋友，他当时正要到西域去，因此王维在咸阳为他送别，并写下了这首千古传唱的诗歌。自从汉唐以来，咸阳就是长安西北的门户，也是从长安西行的第一站，出了咸阳，就算正式踏上通往西域的旅程了。

原来是这样啊，那我们明天就去咸阳吧？

好啊，不过我们现在的任务就是睡觉，要养足了精神才能出发呀。

咸阳真的离西安很近。第二天，吃过早饭没多久，戈丁他们就已经踏上了咸阳的土地。

"为什么是秦国？难道不是秦王朝吗？"戈丁立刻听出甘兰兰说法的不同。

"嘻嘻，当年定都咸阳的时候，秦国还只是战国七雄之一，没有统一中国呢。"甘兰兰解释起来。

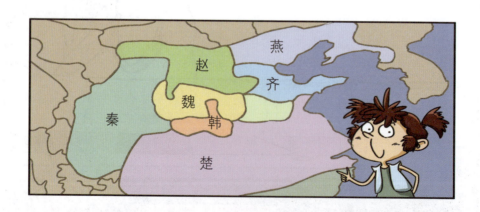

"兰兰说得没错。秦国定都咸阳距今已有2300多年了，到后来统一的秦王朝仍然以咸阳为首都。直到秦朝灭亡，咸阳作为秦朝首都的历史有100多年，不愧为'中国第一帝都'。"甘博士补充道。

"中国第一帝都？"戈丁复述着，"这个名字好，大气。"

"是呀，咸阳虽然只是秦王朝的都城，却是我国第一个封建王朝的首都，第一帝都这个名字的确名副其实。"甘博士说。

"那我们在这个中国第一帝都有什么游玩计划呢？"戈丁急于知道甘博士的安排。

"我们的计划可不是在咸阳市内游玩，而是在咸阳西北方向的乾县。"甘博士说，"我们现在就出发吧。"

说着，甘博士带他们回到车上，驱车向乾县而去……

轿车穿过乾县县城继续北进，很快就到了一个地方。戈丁远远看到前方有三座山，其中两座南北对峙，显得雄伟挺拔。

"看到前面那座最高的山峰了吗？"甘博士指着前方说，"那就是梁山北峰，北峰上有著名的乾陵，唐朝的第三位皇帝唐高宗李治和我国历史上唯一一位女皇帝武则天就葬在那里。"

一座陵墓葬了两位皇帝，这乾陵也是够奇特的了。

没错。秦汉以后，皇帝、皇后多不合葬，乾陵夫妻合葬确实显得独树一帜。

看过乾陵，甘博士又带着戈丁他们转道礼泉县去看了唐太宗李世民的陵墓昭陵，还参观了昭陵博物馆。两座陵墓的气势和规模给戈丁留下了深刻的印象，他尤其对乾陵无字碑和昭陵博物馆中的唐三彩念念不忘，深深惊叹于武则天的功绩和唐三彩的魅力。

　　"武则天真伟大！她是我国历史上唯一一个女皇帝，却没在自己的墓碑上留下一个字，真让人琢磨不透。"戈丁说，"还有唐三彩，它们可是我国古代陶瓷艺术的精品啊！"

　　"你说得对极了。不过我们还是要早点休息，因为明天我们就要正式开启丝绸之路的旅行了。"甘博士说。然后他开动汽车，向乾县方向驶去……

世界七大奇迹

秦始皇陵被赞誉为世界第八大奇迹的说法并未得到公认。据记载，公元前3世纪，古国腓尼基的一名作家筛选出了他心目中的世界七大奇迹，它们是：埃及大金字塔、巴比伦"空中花园"、奥林匹亚的宙斯神像、土耳其的阿耳忒弥斯神庙、摩索拉斯陵墓、罗德斯岛的太阳神像、埃及亚历山大灯塔。

这七大奇迹中，除了埃及大金字塔，其他的六大奇迹早已不复存在。后来，又有人提出了中世纪世界七大奇迹，它们分别是：古罗马大角斗场、亚历山大地下陵墓、万里长城、英国巨石阵、南京大报恩寺琉璃塔、比萨斜塔、圣索菲亚教堂。

2007年，瑞士新七大奇迹协会又通过投票选出新的世界七大奇迹，它们分别是：我国万里长城、约旦佩特拉古城、巴西里约热内卢基督像、秘鲁马丘比丘印加古城、墨西哥奇琴伊察玛雅城邦遗址、意大利罗马大角斗场、印度泰姬陵。

从商鞅变法到统一中国

秦孝公迁都咸阳时，正是秦国展开两次变法，国力重新变得强盛，并取得战国七雄之一的地位时。在秦孝公正式迁都咸阳前后（公元前359—公元前349年），他开始任用商鞅变法，进行了发展农业、严明法令、建立郡县、集中君权等一系列改革，使秦国的国力变得强大，百姓生活富足。在此期间，秦孝公又通过河西之战、西鄙之战等收复河西之地，削弱了当时的强国之一魏国的实力，为秦国的发展打下了基础。

秦孝公之后，秦国经过几代君王的努力经营，已经成为战国七雄中实力最强大的国家。到了秦王嬴政时期，秦国逐一消灭六国和其他小国，统一了中原，建立起强大的秦王朝。而汉帝国正是在统一的秦王朝的基础上建立起来的。

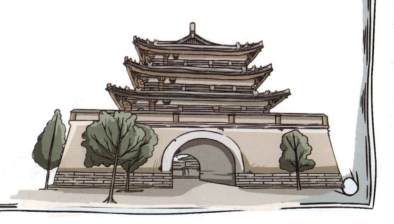

问：乾陵在梁山，这个梁山是《水浒传》中的梁山吗？

答：人们通常认为《水浒传》中提到的梁山泊在今天的山东省梁山县。梁山县确实有一座梁山，并且近年来还修建了水浒旅游文化风景区呢。但是，乾陵所在的梁山可不是《水浒传》中的梁山哟！

另外，我国叫梁山的地方还有今重庆梁平县（原名梁山县）、福建漳州梁山、湖北宜都梁山、陕西合阳梁山等。

问：无字碑是怎么回事？唐三彩又是什么呢？

答：无字碑是女皇武则天墓前的石碑。古代帝王陵墓要立碑刻字记述帝王的功德，但是武则天的碑上却空无一字。至于原因则众说纷纭：有人说武则天这么做是因为觉得自己功绩太大，已经无法用文字表述；也有人说她是想把功过留给后人评说。

唐三彩则是唐代的一种彩釉陶器，同一器物上有黄、绿、白或黄、绿、蓝、赤、黑等釉色交错，显得绚丽多彩。"三彩"是多彩的意思，并不专指三种颜色。唐三彩的艺术价值很高，展现了唐朝人制陶的高超工艺。

第十二章

丝路之旅正式起程

　　"出发了，丝路之旅正式起程喽！"戈丁骑着一匹高头大马，一脸兴奋。

　　甘博士和甘兰兰也各自骑着马。在他们面前不远处是一条河流，侧前方还有一座桥横跨在河面上。甘博士望着眼前的河水，对戈丁和甘兰兰说："你们知道吗？这里是曾经的咸阳古渡，离开这里也就正式离开了长安，踏上了西行的道路。"

听说这里也叫便桥、西渭桥，又叫咸阳桥，对吗？

是啊，"耶娘妻子走相送，尘埃不见咸阳桥"中的咸阳桥，说的就是这里。当年王维送友人元二出西域，很可能也是在这里送别的呢。

哇，真想看看当年咸阳桥的样子呀！

想看吗？好，那我就满足你的愿望！

飞天猫话音刚落，三人就见河面出现一座木桥，桥上来往行人都穿着唐朝的服装。桥旁不远还有渡船，它们有的停靠在河边，有的行驶在河面上。桥头、船边，远行的人和送别的人依依惜别，令人顿时生出离别之情。

古人送别的场面还真是感人呢！我们也要踏上丝绸之路了，谁来为我们送别呢？

别瞎想了好不好，我们只是旅行呀！

可我们也要像古人一样长途跋涉啊，我还带了不少锅盔呢！

"锅盔是乾县三宝之一，带上它们包你一路饿不着。再说了，前面还有好多关中锅盔等着你呢。"甘博士笑着说。

哈，说起来一大早就着乾县锅盔吃一碗乾县豆腐脑，还真是过瘾！我都舍不得走了呢！

"人间处处有美食、美景，我们还是到处看看好。"甘博士说，"眼前这景色也是关中八景之一，但我们还是不能停下脚步哟！"

"说得对。让我们立即出发，去探索和感受丝绸之路吧！"说着，戈丁策马扬鞭向着远方奔去。

乾县有三宝，关中处处见锅盔

乾县三宝是指乾县著名的三种美食：锅盔、挂面、豆腐脑。可别小看这平平常常的三种小吃，它们和老百姓的生活密不可分，乾县人一日三餐都离不开它们——它们可是地地道道的"宝贝"呢。

乾县锅盔虽然出名，不过锅盔是整个关中地区的民间传统食品，可不是只有乾县才有哟！离乾县不远，就有著名的长武锅盔、武功锅盔。戈丁他们一路向西，还能吃到扶风锅盔、岐山锅盔和凤翔锅盔呢。

当然，锅盔也不是只有关中才有，我国其他地方也有，如湖北有公安锅盔，河南有博望锅盔，安徽也有种亳州锅盔呢。

关中八景

关中八景又叫长安八景，形成于明清时期，是对长安及其附近八个自然、人文景观的称呼。

这八个景观，我们前面已经提到的有曲江流饮和咸阳古渡，此外还有以下六种。

华岳仙掌：指华山东峰朝阳峰的危崖，因酷似掌印而得名。

雁塔晨钟：荐福寺内小雁塔每天清晨敲响大铁钟，声闻数十里。

骊山晚照：骊山形似奔马，夕阳西下，红霞掩映，美景天成。

灞柳风雪：出长安向东须过灞桥，人们送别时往往折柳相送。暮春时柳絮纷纷如同飞雪，因而有此一说。

太白积雪：长安以西太白山山峰高耸，峰顶常年积雪不化，纵然是酷暑六月也能欣赏到皑皑白雪，此名由此而来。

草堂烟雾：户县草堂寺林中有井，井中每逢秋冬的早晨就有烟雾冒出，将草堂笼罩在烟雾之中，给草堂寺增添了一种神秘的色彩，草堂烟雾由此得名。